BEI GRIN MACHT SICH IHR WISSEN BEZAHLT

- Wir veröffentlichen Ihre Hausarbeit, Bachelor- und Masterarbeit

- Ihr eigenes eBook und Buch - weltweit in allen wichtigen Shops

- Verdienen Sie an jedem Verkauf

Jetzt bei www.GRIN.com hochladen und kostenlos publizieren

Bibliografische Information der Deutschen Nationalbibliothek:

Die Deutsche Bibliothek verzeichnet diese Publikation in der Deutschen National-
bibliografie; detaillierte bibliografische Daten sind im Internet über http://dnb.d-
nb.de/ abrufbar.

Dieses Werk sowie alle darin enthaltenen einzelnen Beiträge und Abbildungen
sind urheberrechtlich geschützt. Jede Verwertung, die nicht ausdrücklich vom
Urheberrechtsschutz zugelassen ist, bedarf der vorherigen Zustimmung des Verla
ges. Das gilt insbesondere für Vervielfältigungen, Bearbeitungen, Übersetzungen
Mikroverfilmungen, Auswertungen durch Datenbanken und für die Einspeicherung
und Verarbeitung in elektronische Systeme. Alle Rechte, auch die des auszugsweisen
Nachdrucks, der fotomechanischen Wiedergabe (einschließlich Mikrokopie) sowie
der Auswertung durch Datenbanken oder ähnliche Einrichtungen, vorbehalten.

Impressum:

Copyright © 2015 GRIN Verlag, Open Publishing GmbH
Druck und Bindung: Books on Demand GmbH, Norderstedt Germany
ISBN: 978-3-668-06474-4

Dieses Buch bei GRIN:

http://www.grin.com/de/e-book/307919/martin-heidegger-das-grosse-nichts-in-der-angst

Miriam Schroiff

Martin Heidegger. Das große Nichts in der Angst

GRIN Verlag

GRIN - Your knowledge has value

Der GRIN Verlag publiziert seit 1998 wissenschaftliche Arbeiten von Studenten, Hochschullehrern und anderen Akademikern als eBook und gedrucktes Buch. Die Verlagswebsite www.grin.com ist die ideale Plattform zur Veröffentlichung von Hausarbeiten, Abschlussarbeiten, wissenschaftlichen Aufsätzen, Dissertationen und Fachbüchern.

Besuchen Sie uns im Internet:

http://www.grin.com/

http://www.facebook.com/grincom

http://www.twitter.com/grin_com

M.A. Miriam Schroiff

Martin Heidegger

Das große Nichts in der Angst

Inhaltsverzeichnis

Einleitung 3
Drei wesentliche Denkfiguren: Seiendes-Dasein-Sein 4
Vom kleinen nichts zum großen Nichts 5
Nichts als Sein im metaphysischen Kontext 7
Nichts begegnet in der Angst 9
Das beliebige Dasein in der Angst 10
Nichts als religiöses Phänomen 11
Nichts als religiöses Phänomen 13
Die Qualität der Nichts-Begegnung in der Angst 14
Literaturnachweis 15

Einleitung

Das substantivische Nichts taucht erstmals in Heideggers Hauptwerk „Sein und Zeit" von 1927 auf, im Zusammenhang mit der Angststimmung. Dort heißt es: „In der Angst ist einem `unheimlich`. Darin kommt zunächst die eigentümliche Unbestimmtheit dessen, wobei sich das Dasein in der Angst befindet, zum Ausdruck: Das Nichts und Nirgends." (SuZ, S. 188).

In seiner Antrittsrede „Was ist Metaphysik?" (WiMP) von 1929 greift er das große Nichts wieder auf und weist ihm einen zentralen Stellenwert zu, wiederum im Kontext der Angsterfahrung.

Ziel meiner Ausarbeitung ist es Heideggers tief greifende Nichts-Untersuchung nachzuvollziehen und durch verschiedene Perspektiven auf Nichts eben diese Erscheinung oder genauer dieses Etwas-zur-Erscheinung-Bringende näher zu beleuchten.

Hierbei kann es sich tatsächlich bestenfalls um eine Annäherung handeln, denn Heidegger denkt Nichts so umfassend, so fundamental und so über-rational, dass sprachliche Beschreibungen stets an dem unaussprechlichen Charakter des zu Beschreibenden selbst scheitern.

Drei wesentliche Denkfiguren: Seiendes-Dasein-Sein

Die Grundbegriffe Seiendes, Dasein und Sein ziehen sich durch Heideggers gesamtes philosophisches Werk.

<u>Seiendes</u>: Seiendes ist all das, von dem wir sagen können, dass es ist oder sein kann. Auch Gedanken sind Seiendes, als Gegenstände des Verstandes.

<u>Dasein</u>: Mit dem Begriff Dasein ist sowohl der Mensch selbst, als auch sein jeweils eigener Lebensvollzug gemeint. Dem Menschen kommt als Seiendes ein besonderer Status zu: „Das Seiende, dem es in seinem Sein um dieses selbst geht, verhält sich zu seinem Sein als einer eigensten Möglichkeit. Dasein ist je seine Möglichkeit und es `hat` sie nicht nur noch eigenschaftlich als ein Vorhandenes." (S.u.Z., S. 42)

Der Mensch hat ein Seinsverhältnis und ein Seinsverständnis, denn im je eigenen Dasein ist Sein da (präsent).

<u>Sein</u>: Die Bedeutung, Begegnung, Befragung sowie Bewahrung von Sein bestimmt Heideggers denkerisches Lebenswerk.

Im Verständnis des Philosophen ist Sein vor allem anderen *kein Seiendes*. Weder *ist* Sein, noch lässt es sich mit den Vokabeln des Gegenständlichen ansprechen. Dass Heidegger dennoch von *dem* Sein zu sprechen gezwungen ist beruht auf der sprachlichen Unzulänglichkeit das Unaussprechliche zu benennen. Sein waltet ursprünglich, alles-durch-wirkend und über-rational. Über-rational, da Sein die Ratio erst ermöglicht und um-greift.

Sein kann als ein Spielraum verstanden werden, in dem all das, was wirklich und möglich ist auftaucht. Seiendes zeigt sich im Lichte des Seins.

Sein selbst *ist* weder Seiendes noch lässt es sich in der Welt vorfinden Stattdessen bewirkt Sein, dass Seiendes überhaupt sichtbar werden kann. Sein ist die Quelle alles Seienden.

Vom kleinen nichts zum großen Nichts

Schon in Heideggers Hauptwerk „Sein und Zeit" wird Nichts in substantivischer Form erwähnt (vgl. SuZ, S.188). Dennoch führt der Philosoph in „Was ist Metaphysik?" das allgemein adverbial gebrauchte *nichts* nochmals in ein großes Nichts über und betont die fundamentale Bedeutung des, zu Unrecht ignorierten, Nichts. Die erwähnte Ignoranz gehe vor allem von der Wissenschaft aus, deren „Sachlichkeit des Fragens, Bestimmens und Begründens" sich dem Seienden unterwerfe. Der je fragende Mensch (Dasein) befinde sich in der Situation, dass sein Stil des Vorstellens und Erkennens gänzlich von der Wissenschaft geprägt sei. Für den Weltbezug des so Geprägten, für seine Haltung und für seinen „Einbruch (...) in das Ganze des Seienden" bedeute dies, dass es nur um das Seiende gehe, um „weiter nichts", darüber hinaus und sonst um nichts.

Genau auf diese adverbial gebrauchte Redewendung vom *nichts* macht Heidegger aufmerksam und setzt hier sein substantivisches Nichts ein, denn hinter der adverbial bestimmten Rede vom nichts steckt für ihn das verleugnete große Nichts. (WiMP, S.26)

Verleugnet werde Nichts von der Wissenschaft insofern, als sie vom Nichts keine Kenntnis nehmen wolle und ihr dies doch nur möglich sei, indem sie dieses Phänomen, welches sie verneine, zuvor als gegeben erkannt habe: „ Dies ist am Ende die wissenschaftlich strenge Erfassung des Nichts. Wir wissen es, indem wir von ihm, dem Nichts, nichts wissen wollen." (WiMP, S.27)

Welche Bedeutung kommt nun diesem befragten und zur Sprache gebrachtem Nichts zu? Zuallererst *ist* Nichts nicht, das heißt es ist kein Seiendes – auch nicht von der Form eines verneinten Seienden. Denn verneintes Seiendes ergibt doch nur den „Gegenbegriff zu Seiendem" und impliziert dieses. Stattdessen ist Nichts „ursprünglicher als das Nicht und die Verneinung" und gehört „ursprünglich zum Wesen selbst. Im Sein des Seienden geschieht das Nichten des Nichts."

(WiMP, S.29/S.35)

Nichts lässt sich also als ein Anderes zu allem Seienden verstehen und darüber hinaus als das Ursprungsphänomen, welches die menschliche Lebensform von Grund auf konstituiert und somit den Menschen als einen Seienden, inmitten von Seiendem, erst ermöglicht. Heidegger schreibt hierzu: „Nur auf dem Grunde der ursprünglichen Offenbarkeit des Nichts kann das Dasein des Menschen auf Seiendes zugehen und eingehen. Sofern aber das Dasein seinem Wesen nach zu Seiendem, das es nicht ist und das es selbst ist, sich verhält, kommt es als solches Dasein je schon aus dem offenbaren Nichts her." (WiMP, S.35)

Nichts als Sein im metaphysischen Kontext

Handelt es sich bei der Frage nach dem Nichts um eine metaphysische Frage ?

Zweifellos meint Heidegger: „Metaphysik ist das Hinausfragen über das Seiende, um es als ein solches und im Ganzen für das Begreifen zurückzuerhalten. In der Frage nach dem Nichts geschieht ein solches Hinausgehen über das Seiende als Seiendes im Ganzen. Sie ist somit als eine ˙metaphysische˙ Frage erwiesen." (WiMP, S.38)

Während der Philosoph Nichts in seiner Bedeutung und Präsens herausstellt, stellt er die Disziplin Metaphysik selbst in Frage. Er wirft der traditionellen Metaphysik vor sie würde dem Seienden verhaftet bleiben und so ihr postuliertes eigentliches Ziel, das Sein, verfehlen: „Allein, die Metaphysik antwortet nirgends auf die Frage nach der Wahrheit des Seins, weil sie diese Frage nie fragt. Sie fragt nicht, weil sie das Sein nur denkt, indem sie das Seiende als das Seiende vorstellt. Sie meint das Seiende im Ganzen und spricht vom Sein." (WiMP, S. 11)

Heideggers grundlegende Kritik, bezüglich der abendländischen Verwechslung von Seiendem und Sein, führt nicht nur zum Sein, sondern ebenso zum Nichts - sie betrifft beide Ursprungsphänome. Oder handelt es sich gar nicht um zwei verschiedene Entitäten ? Sicherlich spricht der Philosoph gezielt einmal vom Nichts und ein andermal vom Sein, so dass davon ausgegangen werden muss, dass diese beiden Begriffe nicht als beliebig austauschbar anzusehen sind. Andererseits weist der Denker daraufhin, dass es sich bei Nichts und Sein um eine identische Einheit handelt: "Woher kommt es, dass überall Seiendes den Vorrang hat und jegliches ˙ist˙ für sich beansprucht, während das, was nicht ein Seiendes ist, das so verstandene Nichts als das Sein selbst vergessen bleibt ?" (WiMP, S.23)

An anderer Stelle seiner Schrift verdeutlicht Heidegger in welcher Hinsicht Nichts und Sein eine Einheit bilden: „Sein und Nichts gehören zusammen (...) weil das Sein selbst im Wesen endlich ist und sich nur in der Transzendenz des ins Nichts hinausgehaltenen Daseins offenbart. (WiMP, S.40) Ausgehend von dieser Beschreibung lässt sich das Nichts als Medium des Seins verstehen, so dass sich Sein im Dasein des Menschen und dort wiederum speziell in der Angststimmung durch sein Medium Ausdruck verleiht. Wobei Nichts dem Sein inhärent ist, da es auf dem Grunde des Seins (des Seienden) nichtet.

Abschließend nochmals zurück zur Metaphysik, genauer zu deren Grundfrage."Warum ist überhaupt Seiendes und nicht vielmehr Nichts ?" Eine mögliche Antwort darauf kann folgerichtig lauten, dass Seiendes überhaupt nur sein kann, weil vielmehr Nichts nichtet. (WiMP, S. 21f.)

Nichts begegnet in der Angst

In der Furcht fürchtet sich das Dasein (Mensch) vor innerweltlich Seiendem (z.B. vor dem Verlust materieller Güter) oder es fürchtet um innerweltlich Seiendes (z.B. um einen anderen Menschen). Die Angststimmung hingegen hat eine ganz andere Qualität.

Inmitten der Angst geht es nicht um den Verlust von spezifischem Seienden. Vielmehr entgleitet in der Angst das Seiende im Ganzen. Während dieser Entzugs-Bewegung begegnet Nichts gleichzeitig mit dem „entgleitenden Seienden im Ganzen". Und entsprechend seiner, zum eigenen Wesen gehörenden, Abweisung, weist Nichts so erst explizit auf die Ganzheit des Seienden hin und hebt Seiendes hervor, als das „schlechthin Andere" zum Nichts:" Diese im Ganzen abweisende Verweisung auf das entgleitende Seiende im Ganzen, als welche das Nichts in der Angst das Dasein umdrängt, ist das Wesen des Nichts: Die Nichtung. Sie ist weder eine Vernichtung des Seienden, noch entspringt sie einer Verneinung (…) Das Nichts selbst nichtet." (WiMP, S.34)

Ausschließlich in der Angsterfahrung offenbart sich das vertraute, sinnhafte und alltägliche Seiende als das Besondere: „In der hellen Nacht des Nichts der Angst entsteht erst die ursprüngliche Offenheit des Seienden als eines solchen: dass es Seiendes ist- und nicht Nichts (…) Das Wesen des ursprünglich nichtenden Nichts liegt in dem: es bringt das Da-sein allererst vor das Seiende als ein solches." (WiMP, S.35)

Nur auf Grundlage der „ursprünglichen Offenbarkeit des Nichts" kann der Mensch die ihn umgebenden Phänomene wahrnehmen und auf diese zugehen. Sobald sich Dasein zu sich selbst und zu dem es umgebenden Seienden verhält „(…) kommt es als solches Dasein je schon aus dem offenbaren Nichts her. Da-sein heißt: Hineingehaltenheit in das Nichts (…) Ohne ursprüngliche Offenbarkeit des Nichts kein Selbstsein und keine Freiheit." (WiMP, S.35)

Das beliebige Dasein in der Angst

Weshalb wird der Mensch im Titel dieses Kapitels als ein beliebiges Dasein bezeichnet? Welchen Stellenwert sonst, als einen beliebigen, sollte der Mensch einnehmen können, wenn Heidegger schreibt: "Die Hineingehaltenheit des Daseins in das Nichts auf dem Grunde der verborgenen Angst macht den Menschen zum Platzhalter des Nichts." (WiMP, S.38)

Hier zeigt sich das Anliegen des Philosophen dem seienden Dasein die Vorrangstellung abzusprechen, welche der Mensch, nach Ansicht Heideggers, überall für sich beansprucht. Demgegenüber hat Nichts, als Ursprung von all dem was ist, absolute Priorität; denn Nichts verdankt der Mensch ja überhaupt erst die Möglichkeit sich als Seiendes, das er auch ist, zu sich selbst und zu anderem Seienden zu verhalten. Hierbei wird der Mensch nicht nur dem Nichts (Sein) hierarchisch untergeordnet, sondern er wird auch zu einem anonymen Erfüllungsgehilfen des Nichts, der ohne eigene Entscheidungsfreiheit vor das Nichts gebracht wird. Die Begriffswahl des Platzhalters kann als eine vorgenommene Endindividualisierung des Menschen verstanden werden.

Dieser Beschreibung des Philosophen lässt sich kritisch entgegensetzen, dass die Bestimmtheit des Menschen, im Gegensatz zu der Unbestimmtheit des Nichts, unmöglich losgelöst werden kann von der Einzigartigkeit des je speziellen Menschen. Das spezielle So-Sein des Menschen bestimmt seine Grenzen, bestimmt sein Ich. Und auch wenn sich die ursprüngliche Angst willkürlich erhebt und dieses so gestimmte Dasein vor das Nichts bringt, so bleibt es doch immer das individuelle Dasein, welches zu erkennen vermag, dass Seiendes ist. Jedes Erkennen und Erfahren, auch das der eigenen Relativität, bedarf eines Individuums, welches die gemachte Erfahrung auf sich selbst zurückführen kann. Es ist nicht die Absicht dieser Kritik die Bedeutung des Seienden zuungunsten von Nichts hervorzuheben. Die Betonung liegt darauf, dass auch wenn der Mensch angesichts der Begegnung des Nichts mit der relativen Bedeutungslosigkeit seines Egos - eines Aspektes seines Menschseins - konfrontiert würde, es doch dieses Ego wäre, welches das „Wunder" erfährt: „Einzig der Mensch unter allem Seienden erfährt, angerufen von der Stimme des Seins, das Wunder aller Wunder: d a ß Seiendes i s t." (WiMP, S.47)

Nichts als religiöses Phänomen

Wenn in diesem Kapitel der religiöse Charakter von Nichts näher beleuchtet wird gilt die Begriffsdefinition von religiös, im Sinne von „religio" (lat.), also Rückbindung.

Die Erfahrung der Rückbindung des Menschen an einen wesentlichen Teil seines Selbst kann als zentrales Thema von Heideggers Antrittsrede gelten . Dasein gehört mit einem Aspekt seiner selbst dem Sein an und die Seinsvergessenheit führt demzufolge zu einer Seinsentfremdung bzw. Selbstentfremdung.

Der Mensch entfremdet sich von seinem ursprünglichen Wesen. Jedoch hat der Mensch nicht nur vergessen an das Sein zu denken, sondern ihm bleibt sogar diese Vergessenheit verhüllt; letzteres, da er zwar von Sein spricht und doch nur das Seiende im Ganzen meint. Diese ausnahmslose Verwechslung von Seiendem und Sein lässt sich nur durch ein Denken überwinden, welches an das Sein denkt. Wird unser Denken in eine „andere Herkunft gewiesen", dann wird das „(...) vom Seiendem als solchem gestellte und darum vorstellende und dadurch erhellende Denken abgelöst durch ein vom Sein selbst ereignetes und darum dem Sein höriges Denken." (WiMP, S.13)

Dass sich das vom Sein selbst ereignete Denken in der Angst offenbart ist für den Philosophen folgerichtig, denn die Angststimmung korrespondiert mit dem Geschick der Seinsvergessenheit: „Wäre, wenn es mit der Seinsvergessenheit so stünde, nicht Veranlassung genug, dass ein Denken, dass an das Sein denkt, in den Schrecken gerät, demgemäß es nichts anderes vermag, als dieses Geschick des Seins in der Angst auszuhalten um erst das Denken an die Seinsvergessenheit zum Austrag zu bringen ?" (WiMP, S.12). Das Dasein muss die Angst aushalten, da Nichts nur in der Angst begegnet. Und nur inmitten dieser ursprünglichen und radikalen Angsterfahrung ist eine zeitlich begrenzte „religio" möglich: „Das Nichts als das Andere zum Seienden ist der Schleier des Seins. Im Sein hat sich anfänglich jedes Geschick des Seinenden schon vollendet." (WiMP, S.52)

Offenkundig lässt sich Heideggers Idee von Nichts keineswegs gleichsetzen mit der christlichen Idee eines liebenden Schöpfergottes. Hier gibt es keinen Dialog mit einem göttlichen Gegenüber, kein allgütiges und allwissendes Wesen, keine Macht, welche dem lebensgequälten Menschen Geborgenheit und Trost spendet. Heideggers Nichts ist kein Du, das in Liebe begegnet. Stattdessen begegnet Nichts in der wesenhaften Angst. Da gilt es dann, das Nichts „auszustehen" und tapfer im „Abgrund des Schreckens den kaum betretenen Raum des Seins" zu schauen (WiMP, S.47)

Nichts als religiöses Phänomen

Zwar zeichnet das Sein den Menschen huldvoll aus, indem es sich in dessen Wesen „im Denken übereignet", jedoch erfordert diese Gunst seitens des Menschen Dankbarkeit und Pflichterfüllung gegenüber dem Sein. Anstelle eines Angebotes zum Dialog herrscht das Gebot der Pflichterfüllung. (WiMP, S.49)

Einige der folgenden Motive, die in der christlichen Lehre eine entscheidende Rolle spielen, finden sich in Heideggers Schrift wieder.

Das Motiv der Offenbarung: Sein, als der Ursprung von allem was ist, offenbart sich dem Menschen in der Grundstimmung der Angst. Oder anders gesagt, die ursprüngliche Angst ist die Stimmung, in welcher sich Nichts, als Sein offenbart.

Das Motiv der Hingabe und Opferbereitschaft gegenüber einer höheren, ursprünglichen Macht: „Statt mit dem Seienden auf das Seiende zu rechnen, verschwendet es sich (das wesentliche Denken, M.S.) im Sein für die Wahrheit des Seins. Dieses Denken antwortet dem Anspruch des Seins, indem der Mensch sein geschichtliches Wesen dem Einfachen der einzigen Notwendigkeit überantwortet, die nicht nötigt, indem sie zwingt, sondern die Not schafft, die sich in der Freiheit des Opfers erfüllt." Und an anderer Stelle: „Im Opfer ereignet sich der verborgene Dank, der einzig die Huld würdigt, als welche das Sein sich im Wesen des Menschen im Denken übereignet hat (...)" (WiMP, S. 49)

Zum Ende dieses Kapitels sei noch auf die Parallelität von Sein und Heiligem hingewiesen. Heidegger schreibt: „Der Denker sagt das Sein. Der Dichter nennt das Heilige." (WiMP, S.51)

Für den Philosophen wird das Dichten ebenso wie das Denken aus dem Wesen des Seins gedacht. Dies heißt weiter, dass das Wesen des Seins mit dem Heiligen in Beziehung steht oder gar selbst mit dem Heiligen identisch ist. Heideggers Nichts-Beschreibungen rücken in die Nähe von Beschreibungen einer Begegnung mit dem Heiligen: „Einzig der Mensch unter allen Seienden erfährt, angerufen von der Stimme des Seins, das Wunder aller Wunder: d a ß S e i e n d e s ist."

(WiMP, S. 47)

Die Qualität der Nichts-Begegnung in der Angst

Worin liegt nun die Qualität der Angsterfahrung, in welcher Nichts begegnet ?

Sie liegt darin, dass der Mensch sich deutlich in seiner zweifachen Natur erfährt. Und hierin liegt auch das Moment der Rückbindung (religio). Der Mensch erkennt sich im Gegensatz zum Nichts. Dasein erlebt sich in seiner abgegrenzten Struktur als Seiendes und kommt zugleich durch die Begegnung des Nichts mit der *ganz anderen* ursprünglichen Dimension seiner selbst in Berührung. In einer Weltsicht, die stets auf das Gegenständliche und sinnhaft definierte fokussiert bleibt, geht die Dimension des Seins im Da-sein verloren.

Eine Rückbindung, im Sinne einer Rückkehr zum bzw. in den eigenen Ursprung findet ebenso wenig statt, wie eine Rückbindung im Sinne eines erlösenden hin zu Gott. Insofern enthält Heideggers Schrift- trotz ihrer religiösen und mystischen Elemente- nicht die Erfahrung des mystischen Schlüsselerlebnisses, also der „unio mystica" (Vereinigung der Seele mit dem Göttlichen).

Was die Schrift des Philosophen, nach meiner Auffassung, leisten kann ist die Sensibilisierung des Menschen für die ganz andere, tiefere und zugleich höhere Dimension seiner selbst. genannt Sein/Nichts.

Literaturnachweis

Heidegger, Martin

„Was ist Metaphysik?", 14. Auflage 1992, Frankfurt am Main, Vittorio Klostermann Verlag

Heidegger, Martin

„Sein und Zeit", 13. unveränderte Auflage 1976, Tübingen, Max Niemeyer Verlag

BEI GRIN MACHT SICH IHR WISSEN BEZAHLT

- Wir veröffentlichen Ihre Hausarbeit, Bachelor- und Masterarbeit

- Ihr eigenes eBook und Buch - weltweit in allen wichtigen Shops

- Verdienen Sie an jedem Verkauf

Jetzt bei www.GRIN.com hochladen und kostenlos publizieren